ポムポムプリン
きみの笑顔が見たいんだ♡

PARCO出版

はじめに

みんな〜！　げんき？

いつも、ぼくのTwitterを
見てくれてありがとう！
のんびりマイペースなぼくだけど、
みんなの「いいね♥」や
応援メッセージのおかげで
続けてこられたよ。

ちょっと疲れたら、

ぼくと一緒にひとやすみしよ♥

みんなに、

ステキな笑顔が咲きますように♪

これからも、一日一日を大切に、

思い出をいっぱいつくっていきたい。

ずっとずっと、

なかよくしてくれたらうれしいな…☆

プリン

PURIN and Friends Profile

ポムポムプリン

プリン＆フレンズ プロフィール

自己紹介

プリン

ゴールデンレトリバーの男のコ。
体は大きめだけど、まだ子犬だよ。
ある日、飼い主のおねえさんがこげ茶色のベレー帽を
かぶせてくれたんだ。みんなに「プリンみたいでおいしそう♥」
ってほめられて、ベレー帽がトレードマークに。
プリンという名前がついたのもそのときだよ。
のんびり屋でマイペース。
好きな言葉は「おでかけ」、嫌いな言葉は「おるすばん」。
飼い主のおねえさんの家の玄関にある
プリン用バスケットがおうち。

誕生日

4月16日の
お天気いい日

夢

もっともっと
おっきく
なること

特技

・おひるね
・プリン体操
・だれとでもなかよく
なれちゃうこと

趣味

くつ集め
(飼い主一家のおねえさんのパンプスやお父さんの革ぐつ、お母さんのサンダルなど、片っぽずつ隠している。内緒だよ!)

好きな食べ物

・ママがつくったプリン
・ふにゃふにゃしたもの
・ミルク

マフィン

ちゃっかりもので
食いしん坊のハムスターくん。
誕生日：9月16日

スコーン

がんばり屋さんで
しっかり者のネズミくん。
誕生日：2月16日

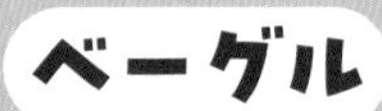

甘～いものが大好き、
はりきり屋のリスくん。
誕生日：8月16日

ホイップ

甘えん坊のペンギンくん。
誕生日：6月16日

パウダー

お人好しで、
ちょっぴり人見知りな
ウサギの女のコ。
誕生日：12月12日

カスタード

幸せ探しの旅が好き。
誕生日：5月15日

タルト

冒険好きな
ロップイヤーくん。
誕生日：10月10日

ミント

元気いっぱいの負けず嫌い。
ジャンプが得意なカエルくん。
誕生日：6月6日

バニラ

アイスクリームが大好きな
しろくまくん。
誕生日：1月3日

マカロン

おしゃれ大好き、
大きなリボンがお気に入り。
誕生日：3月3日

ココナッツ

明るくて陽気な男のコ。
誕生日：7月2日

シロップ

夏が大好きカモメさん。
誕生日：4月6日

クッキー

ビスケと双子。甘えん坊の
ハムスターくん。
誕生日：9月30日

ビスケ

クッキーと双子。やんちゃで
冒険大好きな男のコ。
誕生日：9月30日

ひつじさん

恥ずかしがり屋さん。

パパ

ダジャレ好き。探偵をしている。
誕生日：8月8日

ママ

ケーキ屋さんで働いている。
誕生日：8月8日

おじいちゃん

若い頃は世界を旅していた。
知らないことはない。
誕生日：9月15日

おばあちゃん

いつもニコニコしていて
優しくって、おしゃべり好き。
誕生日：3月14日

contents

もくじ

※本書はTwitterポムポムプリン【公式】アカウントの2016年1月から2023年4月までの発信メッセージより厳選し、加筆修正して掲載しています。

2016

おはよう♪
今日は、「ツインテールの日」なんだって♡
似合ってるかな〜??

2016年2月2日

#ツインテールの日　#びっくりマフィン

おはよう♪
今日は、うるう日！
で、にんにくの日！
どっちも4年に一度の
貴重な日だね♡

2016年2月29日

#うるう年

アイドルっぽいヘアスタイルになれたかな♡

2016年3月17日

#帽子かぶってない　#レアプリン

スピードエネルギーチャーーーージ!!!

2016年3月24日

#きらきらプリン　#びっくりマフィン

最近、いそがしくて
マカロンちゃんに
なかなか会えないなぁ。。

2016年3月30日

#ぼくらの星空

#マカロンちゃん♡

出逢いと別れの季節に思う。
離れていたって心はいつもきみのことを想っているよ。
だから、会えないさみしさより会えるうれしさのほうが、
ぼくは胸がじーんとなるんだ。

2016年3月31日

#ぼくらの星空　#マカロンちゃん♡

はじめまして、ポムポムみかんです♪
今日から、ぼくがツイッターを担当するよ～♪

2016年4月1日

#ポムポムみかん

昨日の新しいお友だち、ポムポムみかんの正体は…!!
ちゃんちゃんっ♪

2016年4月2日 #ポムポムみかん #エイプリルフール #タネあかし

たまには寄り道も大事なことなんだ。
見えなかったものが見えてきて、本当に大切なことに気づけたり。
ぼくは、これからも愛であふれたぼくを目指したいな。

2016年4月30日

#月末ポエム

新緑の季節。
すきな人と一緒に過ごす時間って、
しあわせ。
どんなことも、
こわがらなくたっていいんだ。
新緑のように、ぼくも新しい気持ちで
きみと過ごしたいな。

2016年5月31日

#月末ポエム

え？　え？　え？
ぼくが……
1……位！？

やった～!!!
ぼく、キャラクター大賞で1位になれたよ！
V2だ～（*・ω・*）☆
応援、ほんとにありがとう♡♡♡
うれしくって、みんなに、ぼくの愛をいっぱい届けちゃうよ～♡

2016年7月2日

#サンリオキャラクター大賞

やっと、きみに逢える今夜。
この時を大切に、きみと過ごしたい☆
夜が明けるまで、きれいな星空を一緒に飛ぼう！

2016年7月7日　#七夕　#マカロンちゃん♡

ぼく今、カレーフリークで、
マカロンちゃんにカレーの作り方を教わっているの～♡

2016年7月14日　#マカロンちゃん♡

吊り橋効果…♡ ほんとかな～?

2016年8月4日 #マカロンちゃん♡

夏の恋愛、みんなは
どんな感じかな～♪
相手をデートに誘う時は、
断られることをおそれちゃ
ダメだよね(=ﾟωﾟ)!!!!

2016年8月5日

#マカロンちゃん♡

ショックで1日
のびそう…(=ω=。)
でも、失敗しても、
次があるよね……?

2016年8月6日

#マカロンちゃん♡

みんなでなかよく
過ごせる時間が、
ずっと続くと
いいなぁ。

2016年8月15日

#みんななかよく

「くしの日」だから、
久しぶりに
ヘアセット☆
きまってる～?

2016年9月4日

#帽子かぶってない

#レアプリン

#トリマーマフィン

おはよう♪
おでかけ前に
見せたかったんだ～♡
いってらっしゃい♪

2016年9月5日

#秋桜

今日は、だいすきな
おじいちゃんと
おばあちゃんを、
ひとりじめ
しちゃうんだ～♡

2016年9月19日

#敬老の日

季節は時々、ぼくらを置いて、かけ足で過ぎていく。
でも、大切な人は、いつも温かい心で待っていてくれる。
お互いを信じる心が、そうさせてくれるんだ。
だから、季節が何度変わっても、ぼくも「おかえり」って、
迎えられるようになりたい。

2016年9月30日　#月末ポエム

「いい歯の日」だから、
歯医者さんで虫歯チェック!
痛いのは、やだな～
((((; ´・ω・`))))

2016年11月8日

#どきどきプリン

#やさしいマフィン

マフィン
「あれは…プリンの
そっくりさんでちゅかね?
プリンはあんなに、
おなか出てないでちゅう♪」

2016年11月10日

#成長期

名古屋といったら、このポーズ…☆

2016年11月22日 #金のしゃちほこ #しゃちほこマフィン

冷たい風が、秋の終わりを運んでくる。
ココアとかマフラーとか、誰かと一緒にいることが、
とっても恋しい。
そんなささやかな温もりの中に、しあわせを見つけたいな。

2016年11月30日　#月末ポエム

寝る前の
ホットミルク〜♪
カラダが
ぽかぽかになって、
よく眠れるんだ☆
みんなも、ど〜お？

2016年12月2日

#ポムポムルーム

おはよう♪
おふとんから
出たくない朝は、
こんな感じで…♪

2016年12月5日

#ごろごろプリン

#ポムポムルーム

おはよ〜!
クリスマスツリーの
木が通るよ〜!
あぶないから、
ちょっと道を
あけてね〜!

2016年12月7日

#クリスマス準備

今日は「冬至」だから、
ゆず湯なの☆
あ〜、いい香り♡
とろけて、ゆずに
なっちゃいそう…♪

2016年12月21日

#ゆず湯　#ほっこりプリン

2017

あけましておめでと～う!!
今年はとり年だから、カスタードが主役だね♪ みんなで羽ばたくぞ～♡

2017年1月1日 #お正月 #酉年 #チームプリン

ずーっとお正月だったら
いいのになあ～。

2017年1月4日

#ブルーウェンズデー

セリ、ナズナ、ゴギョウ…
七草がゆを食べて、
今年も元気にすごそうね～♪

2017年1月7日

#七草がゆの日

#チームプリン

最近おもちばっかり
食べてるからかな～?
ほっぺものび～る♪

2017年1月13日

#ポム顔

おはよ～!
運動不足だから、スキップでお散歩～♪
るんる～ん♪

2017年1月16日

#おでかけ　#ポムポムポム♪

手作りチョコを
あげたくなっちゃう
髪形で、おねがいします♡

2017年2月11日

#バレンタインデー準備

#帽子かぶってない

#レアプリン

おはよう♪
朝からそわそわが
止まらな～い！

2017年2月13日

#バレンタインデー前日

#どきどきプリン

ぼくにも、ハッピーバレンタインがやってきた――!!
もったいなくて、食べられないよ～♡

2017年2月14日　#バレンタインデー　#マカロンちゃん♡

にゃん、
にゃん、
にゃん♪

2017年2月22日

#猫の日　#ニャン♡

おはよう～!
お寝坊さんは、ぼくが起こしちゃうぞ～♪

2017年2月27日

#早起き　#もふもふプリン

マカロンちゃんが、
お内裏さまを募集中～!?
はい、は～い♪
ぼくも立候補しま～す♡

2017年3月2日

#ひな祭り前日

#マカロンちゃん♡

お、お内裏さまがいっぱいだ～!
がーん(゜ω゜;)

2017年3月3日 #ひな祭り #マカロンちゃん♡

恋のライバルって、
意外と近くに
いるのかも…(ノω・、)

2017年3月4日

#ひな祭り #余韻

#マカロンちゃん♡

#ひなあられ

今年もみんなに、あたたかい春が
やってきますように…☆

2017年3月11日 #希望の花

マカロンちゃんへ…はい、どうぞ♡
ホワイトデーのプレゼント、気に入ってくれたらうれしいな♪
いつものリボンもかわいいけど、
お花もとっても似合うね〜☆

2017年3月14日 #ホワイトデー #花かんむり

女のコの春メイクって…
こんな感じ〜?

2017年3月18日

#春メイク

マフィン「そろ〜り、
そろ〜り…。
みんな、転ばないように
気をつけるでちゅよ〜。」

2017年4月15日

#ヒミツの作戦

#チームプリン

マフィン「せーのっ! プリン、お誕生日おめでとうでちゅう〜!!
サプライズ、大成功でちゅね☆」

2017年4月16日 #お誕生日 #チームプリン

ひとりで静かに過ごす夜。
誰でもきっと、心の声に耳をすませる時間が必要なんだ。
自分の正直な気持ちは、
誰よりも自分がよく分かっているもんね。
心の中をすっきり整理できたら、
明日からまた、笑顔でがんばれる気がするんだ。

2017年4月30日

#月末ポエム

みんな、おはよう～!
遅刻しちゃ～う!!

2017年5月8日 #急げプリン

だいすきなおかあさん、いつもありがとう♪
わがままを言っちゃうこともあるけど、
やさしいおかあさんが、いちばんすきなんだ♡

2017年5月14日 #母の日 #ママ

ぼくのフォロワーのお友だち、
何人になったか知ってる～?

2017年8月14日　#フォローありがとう

今日も、明日も、
ずっとなかよく過ごしていきたいね☆

2017年8月15日　#みんななかよく

マカロンちゃんたち、
女のコ会だって〜。
かわいくしたら、
混ぜてもらえると
思ったのに…（´；ω；｀）

2017年8月18日

#女のコ会

こっちはこっちで、
男のコ会やっちゃうもんね〜♪
お菓子と、
ジュースと…ふふふ♡

2017年8月19日

#男のコ会

男のコだってさ〜、いろいろあるよねぇ〜。

2017年8月20日　#男のコ会

ぼくの
プレミアム
フライデー…☆

2017年8月25日

#特盛ミックスフライ☆

マフィン、お誕生日おめでとう〜!!
プリンシェフ特製、
バースデープレートをめしあがれ〜♪

2017年9月16日

#マフィン #お誕生日 #チームプリン

ブルーウェンズデーも、ポム顔で乗り切ろう～。

2017年9月20日

#ブルーウェンズデー　#ポム顔

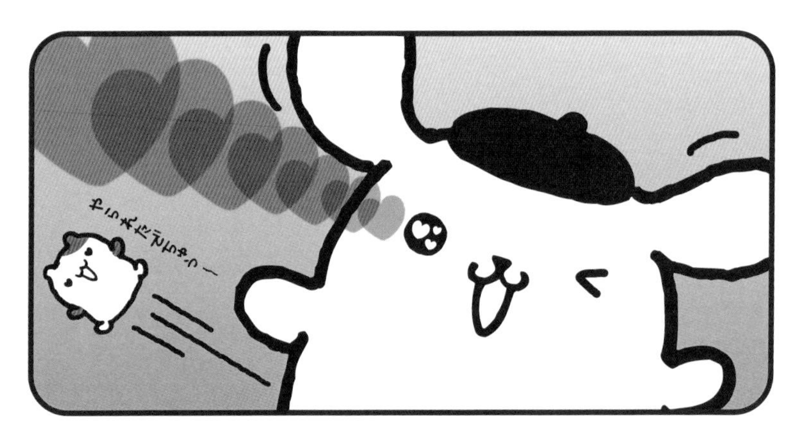

ウインクビーーーム♡♡♡

2017年10月11日

#ウインクの日　#キュン♡

おはよ～う♪
あ…近すぎちゃったね～♡

2017年11月6日

#キュン♡

パカパーン☆
ぼくのツイッターね、今日から4年目に突入なんだ～!
これからも応援してくれたらうれしいな～♡

2017年11月17日 #Twitter記念日 #帽子かぶってない #レアプリン

おはよう…
あと3分だけ…。

2017年11月20日

#ねむねむプリン

ほ～っ、ほっほっほっ♪
プリンサンタが
やってきたよ～☆
よい子のおうちは
どこかな～？

2017年12月24日

#クリスマスイブ

みんな、
ハッピークリスマス☆
今年はサンタさんが
いっぱいだね～♪

2017年12月25日

#クリスマス

#チームプリン

マフィン「今年もスッキリでちゅね☆
後ろはこんな感じでちゅう♪」

2017年12月29日　#帽子かぶってない　#レアプリン　#トリマーマフィン

2018

おはよ〜う。寝グセついちゃった〜。

2018年1月15日

#帽子かぶってない #レアプリン #トリマーマフィン

ふわふわ
ツインテール♪
マカロンちゃんの
リボン、
かりちゃった〜☆

2018年2月2日

#ツインテールの日

も、も、
もらっちゃったーーー♡♡♡
マカロンちゃんの手作りチョコ、
去年もおいしかったし、
今年もきっとおいしいし、
来年も、そのまた
来年も％○＄♭▲#!

2018年2月14日

#バレンタインデー　#マカロンちゃん♡

おはよう～♪
元気な1日の
スタートは、
朝ごはんから～♪

2018年2月26日

#食パンプリン

#おにぎりマフィン

シナモンくん、
お誕生日おめでとう～!
空色のベレー帽、
とっても似合うね～☆
雲のブローチも
つけてみたんだ～♪

2018年3月6日

#シナモロール　#お誕生日

ど、どうしよう…
焦げちゃった〜!!
これじゃあ、
苦くて食べられないよ〜
(´;ω;`)

2018年3月13日

#ホワイトデー準備

あのね、ホワイトデーの
プレゼントなんだけど…。
がんばって焼いた
クッキーが焦げちゃって…。
かわりに、これ、
受けとってもらえるかなぁ?

2018年3月14日

#ホワイトデー

#マカロンちゃん♡

マカロンちゃん
「とってもいい香りね♡
どこに飾ろうかな〜♪」

2018年3月15日

#ホワイトデー

#余韻

#マカロンちゃん♡

#パウダー

みんなにね、こっそりヒミツを教えちゃう…☆
ぼくのベレー帽って、実は…食べられちゃうの～♪

2018年4月1日　#びっくりマフィン　#帽子かぶってない　#レアプリン

さてさて、
昨日のタネ明かし～☆
ぼくが食べていたのは
ベレー帽じゃなくて…
マカロンちゃん手作りの
チョコパンケーキだったの～!
まあるくて、茶色くて、
僕のベレー帽にそっくり～♪
みんなもどうぞ♡

2018年4月2日

#エイプリルフール　#タネあかし

#マカロンちゃん♡

はじめましてのドキドキは、み〜んな一緒だよ♪
にっこり笑顔で吹きとばしちゃお〜う♡

2018年4月3日

#ポム顔

ポカポカおひさまが
気持ちいいなぁ〜。
ごろごろごろ〜ん♪

2018年4月13日

#ごろごろプリン

これね、昨日見つけたんだ♪
はい、しあわせのお守りだよ☆

2018年4月14日

#四つ葉のクローバー

マフィン「みんな～、
大きな音を立てちゃダメでちゅよ。
しーっ、でちゅう♪」

2018年4月15日

#ヒミツの作戦　#チームプリン

マフィン「おはようでちゅう♪
プリン、お誕生日の朝がきたでちゅよ～☆
みんなから、おめでとうでちゅう～!!」

2018年4月16日

#お誕生日　#チームプリン

みんな、おめでとうの言葉を
た～くさん、ありがとう♪
ぼく、とってもうれしくって…
胸がいっぱい、
おなかもいっぱい♡

2018年4月17日

#お誕生日　#余韻

「母の日」♡
それと、「愛犬の日」♡
世界中のおかあさん、
いつもありがとう♪

2018年5月13日

#母の日 #愛犬の日
#キュン♡

どうしたらいいんだろうって悩めば悩むほど、
深く考えすぎちゃう。
こういう時は、悩むより前向きな考えをしよう!って
自分を勇気づけるんだ。

2018年5月31日

#月末ポエム

コインに裏表があるように、
どんなことにも
裏表があるもの。
失敗したって、
きっといつかは
成功につながるはずさ。
だからほら、深呼吸してみて。
どんな景色も
明るく見えるはずだから。

2018年6月28日

#月末ポエム

今は、今しかない。
だから全力を尽くすんだ。
だって、やれるだけやらないと納得できない気がするから。

2018年7月31日　#月末ポエム

あぁ～暑くて
とけちゃう～♪

2018年8月14日

#とろけるプリン

みんなと
ず～っと、
なかよしで
いたいな♪

2018年8月15日

#みんななかよく

流しそうめん
だよ～♪
みんな、ケンカは
しないでね～!

2018年8月16日

#流してない

マフィン、お誕生日おめでとう～！
いつも一緒にいてくれてありがとね♪

2018年9月16日

#マフィン　#お誕生日　#チームプリン

目指せ小顔…！

2018年9月18日

#コロコロ

雨が弱いうちに
テント張り終えたよ～!
ここがぼくたちの
キャンプ地♪

2018年9月21日

#キャンプ

#チームプリン

あれが有名なプリン座だよ～☆

2018年9月22日　#キャンプ　#ぼくらの星空　#チームプリン

みんなで一緒にいると、
楽しくて眠れないよね♪

2018年9月23日

#キャンプ #寝袋 #チームプリン

見て見て！
お月さま
持ち上げ
ちゃった～☆

2018年9月24日

#キャンプ

#中秋の名月

夢だった…。あと少しで食べられたのに。。

2018年11月24日　#夢みてた　#成長期

どぅるるるるるるるるるるるる

2018年12月4日　#耳プロペラ　#びっくりマフィン

あったかくてふわふわ～♪

2018年12月19日　#パンケーキ

サンタさん…まだかなぁ…zZZ

2018年12月24日　#クリスマスイブ

ふかふかボディで
ぎゅ〜っとしてあげる♡

2018年12月28日

#近い　#キュン♡

2019

かがみもち…

2019年1月10日　#お正月　#余韻　#もちもちプリン

肉まんがぼくを呼んでいる…？

2019年1月15日　#お呼ばれ　#成長期

これでぷるぷるお肌に♪

2019年1月16日　#自分磨き

名画「プリンの叫び」

2019年1月24日

#芸術プリン

ふ〜っ、猫舌だから気を付けないとね♪

2019年2月6日　#犬なのに　#猫舌

みんにゃ、1週間お疲れさまだにゃあ〜♪

2019年2月22日

#猫の日　#ニャン♡

無心でごろごろ…
無心でごろごろ…

2019年2月27日

#ごろごろプリン&マフィン

ぼくは
褒められて伸びる
タイプだよ♪

2019年3月16日

#伸びてる

「ぷかぷかプリン」

2019年3月17日

#浮いてる

みんな、
お祝いしてくれて
ほんとにありがと～!
今年も楽しい
思い出をいっぱい
作ろうね☆

2019年4月16日

#お誕生日
#チームプリン

ん～っま♡

2019年4月18日

#ポムポム投げキッス　#キュン♡

1週間、お疲れさま！　グッジョ〜ブ!!

2019年5月10日　#はなまる

当たり前に過ぎていく
毎日を大切にしたいな。
今この瞬間も
愛おしい時間なんだ。

2019年5月14日

#月末じゃないポエム

ありのままの
自分でいいんだ…！

2019年5月22日

#輝けプリン

マフィン「ふわふわの耳、大スキ！」

2019年5月23日　#もふもふしたい

リアルじゃないよ〜、キャラ弁だよ〜♪

2019年6月10日　#かわいすぎて食べられない

毎日が日曜日だったらいいのにな～

2019年6月20日 #いいのにな～

それな!

2019年6月23日

#それな!

おはよ～!
いってきま～す♪

2019年8月3日

#プリン&マフィン東北旅

ぼくの
おごりだよ～♪

2019年8月4日

#プリン&マフィン東北旅

#ご当地ラーメン

あのコにも
見せてあげた
かったな～☆

2019年8月5日

#プリン&マフィン東北旅

#夏祭り

マフィン、旅行を
予約してくれて
ほんとにありがとう…☆

2019年8月6日

#プリン&マフィン東北旅

#夏祭り

飛び入り参加
しま～す♪

2019年8月7日

#プリン&マフィン東北旅

#夏祭り

きれいな飾りだね～☆
誰か、おいしい牛タン屋さん
知ってたら教えて～♪

2019年8月8日

#プリン&マフィン東北旅

#夏祭り

新幹線乗り遅れる～～
ありがとう東北～!

2019年8月9日

#プリン&マフィン東北旅

これからも、なかよく
助け合っていこうね♪

2019年8月15日

#みんななかよく

電話出てくれる
かなぁ…

2019年8月16日

#マカロンちゃん♡

（昨日電話で話せて、よかった…♡）

2019年8月17日 #マカロンちゃん♡ #線香花火

どんどん
流すよ～!

2019年8月23日

#流しそうめん

#流しトマト

マフィンお誕生日
おめでとーう♪
今日は、すきなだけ!
すきな物を!
カジカジしてね～☆

2019年9月16日

#マフィン

#お誕生日

やっぱり
天ぷらうどん
だよね～☆

2019年9月25日

#天ぷらタワー

おはよ〜〜
満員電車〜〜
つらい〜〜〜

2019年10月7日

#通勤プリン

いつもかわいい
キティちゃん、
お誕生日おめでとう♪
キティちゃんの
トレードマークの
真っ赤なリボンを
イメージして、ぼくも
今日は赤いコーデだよ♪

2019年11月1日

#ハローキティ　#お誕生日

きみと
埋もれたい〜!

2019年11月27日

#落ち葉ダイブ

自分ばかりが損しているんじゃないかって、思うことあるよね。
そんな時は一度、物事の流れを見つめ直してみるんだ。
それ、本当に自分がやらなくちゃいけないこと？って。
みんなは、自分の気持ちを大切にできてるかな。

2019年11月30日　#月末ポエム

さぁ、
帰ろう♪

2019年12月3日

#またね

あれ、初雪？　2019年12月7日

#わー☆

いつの間にか、
おしりに傷が…><

2019年12月20日

#クリスマス準備

さっぱり☆

2019年12月29日

#帽子かぶってない

#レアプリン

#トリマーマフィン

2020

あけましておめでとう！
2020年も元気いっぱ〜い、みんなとなかよく過ごしたいな☆

2020年1月1日

#お正月 #羽根つき

むにゃむにゃ…

2020年1月2日

#初夢

おひるね初め〜

2020年1月9日 #ごろごろプリン

ぼくがゴールデンレトリバーって、
みんな知ってた??

2020年1月11日　#犬の日　#ワンワンワンの日

もちもち
びよーーーん!

2020年1月14日

#お雑煮

大阪のおみやげが、あるとき〜！ ふふふ♪

2020年1月26日 #豚まん

ぼくもツインテールにしてみたよ♪
どうかな〜？

2020年2月2日 #ツインテールの日

眠れなくて、
来ちゃった…

2020年2月13日

#作戦会議

#バレンタインデー前日

#リトルツインスターズ

わーっ!!
こんなに
たくさんのチョコを
ありがとう♡
毎日ひとつずつ、
大事に食べるね♪

2020年2月14日

#バレンタインデー

えへへ、うれしくて
一気に食べちゃった☆
みんなのおかげで
おなかいっぱい、
胸もいっぱい…♡

2020年2月15日

#バレンタインデー

#余韻

あたまの中が
数字でいっぱい…
みんなは
もうやった〜？

2020年2月25日

#確定申告

最近の
マイブーム
なんだ☆
今日も
ととのうぞ〜

2020年2月26日

#サウナープリン

い〜や〜
さ〜れ〜る〜

2020年3月5日

#お灸

マカロンちゃん、いつもありがとう♡

2020年3月8日　#ミモザの日　#マカロンちゃん♡

マフィン
「ねぐせがついてるでちゅう」

2020年3月10日

#帽子かぶってない

#レアプリン

#トリマーマフィン

みんなから
「希望の花が咲いたよ」って、
たくさん届いたんだ。
大切に育ててくれて
ありがとう☆

2020年3月11日

#希望の花

みんな、
まねしても
いいよ♡

2020年3月21日

#耳ハート

#無理

どんなことも、始まりと終わりがある。
だからこそ、今この瞬間をがんばりたいって思うんだ。
ちょっぴりさみしいけど・・・それぞれの道に進んでも、
ぼくたちは同じ空を見上げているよ♪

2020年3月31日　#月末ポエム

ふたご～

2020年4月1日

#ツインプリンズ

昨日のネタばらし！
じつは…
鏡を使ったんだ☆
みんなも
やってみて～♪

2020年4月2日

#エイプリルフール

#タネあかし

わ〜!! 歌のプレゼント、
とってもしあわせ♡
こうやってお祝い
してくれて、
ほんとにありがとう♪

2020年4月16日

#お誕生日 #リモート
#チームプリン

マカロンちゃん
「プリンくんに
お誕生日ケーキを
届けにきたの♡」

2020年4月16日

#お誕生日
#マカロンちゃん♡

えへへ、
マカロンちゃんからの
お誕生日ケーキ♡
今日はチートデイ
だから、いいんだ〜

2020年4月17日

#お誕生日
#余韻

だいすきな
おかあさん、
いつもありがとう♡

2020年5月10日

#母の日　#ママ

ひゃっ
ほぉぉぉぉ〜い!!!

2020年6月2日

#サイクリングプリン

プリン肩かな〜。

2020年6月7日

#上がらない

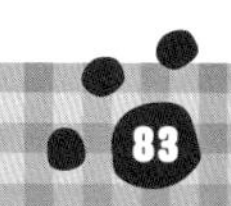

ぼくにできること、何かあるかな…？

2020年6月13日　#小さな親切の日

おはようスマイル！
ニカッ☆

2020年6月29日　#オレンジ

ごきげんよう♡

2020年7月10日

#納豆の日 #おかめプリン

よかった探しで、
小さなしあわせ
引き寄せちゃお☆

2020年7月13日

#ナイスの日

今年はラーメンを流しちゃうよ～♪

2020年7月30日　#流しラーメン

長いものには巻かれないよ～。

2020年8月22日

#長ネギ

夏の終わり、
自分磨きも忘れずに♡

2020年8月28日

#自分磨き

自分の
気持ちとカラダ、
大切に…♡

2020年9月10日

#疲れたらやすもう

ごろごろ～
ごろごろ～、
今日はな～んにも
しないよ。

2020年9月25日

#ごろごろプリン

萌え♪萌え♪ …ニャン♡

2020年10月22日

#犬だけど

#ニャン♡

今夜は、
自分と向き合う
ひとり時間…☆

2020年12月20日

#たき火

#焼きマシュマロ

今日は冬至だから、ホックホクのかぼちゃとゆず湯であったまろう♡
みんなで、寒い冬を乗りきるぞ～☆

2020年12月21日 #ゆず湯 #ほっこりプリン

2021

ハッピーニューイヤ～☆
しあわせギュウギュウの一年に
なりますように♪
2021年もよろしくおねがい
モ～しあげます!

2021年1月1日

#お正月　#丑年　#チームプリン

ヒャッホーー!!!

2021年1月12日

#スキー

#絶叫マフィン

はぁ～、
あったか～い♡
ほりごたつが
足湯だったら
いいのにな～…

2021年1月24日

#ほっこりプリン

これで明日は、プルプルのプルゥ～♪

2021年1月26日　#自分磨き

ピッカリン☆

2021年1月27日

#お肌ぷるぷるプリン

ボク、
食べるプリン
じゃないよ～。

2021年1月28日

#知ってた♡

すっきり、さっぱり
全部リセット…

2021年3月7日

#サウナの日

#サウナープリン

きみのまわりに、
ありがとうが
あふれますように…☆

2021年3月9日

#感謝の日

だいすきなお花畑で、きみと過ごすのがすきなんだ。

2021年3月11日

#希望の花

焼っけたっかな～♪
みんな受け取る
準備しといてね～!

2021年3月13日

#ホワイトデー準備

リンリーン♪
みんなに愛のお返しだよ～♡

2021年3月14日

#ホワイトデー

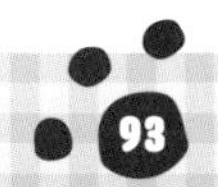

しずしず…

2021年3月17日

#和室でお茶

マフィン「ツンツンでちゅう。」

2021年3月18日　#しびれた

別れは、ぼくに
時間の大切さを
教えてくれたんだ。

2021年3月31日

#月末ポエム

ラッキーの
おすそわけ〜♪

2021年4月4日

#四つ葉のクローバー

マフィン
「ふわふわ
カット
でちゅう♪」

2021年4月5日

#トリマーマフィン

#帽子かぶってない

#レアプリン

わぁ～♡ このパンケーキ＆フルーツタワーすご～い!!
みんな、ぼくのお誕生日をお祝いしてくれてほんとにありがとう☆
今日はいっぱい食べちゃお!
みんなにもしあわせが積み重なっていくように、ぼくこれからもがんばるね♪
ずっとなかよくしてくれたらうれしいな…♡

2021年4月16日 #お誕生日 #チームプリン

今日はゆっくりと、
みんなからのメッセージを
ひとつひとつ読んでるんだ♪
しあわせな時間をありがとう～♡

2021年4月17日 #お誕生日 #余韻

出会いはつながっているから、
ひとつひとつを大切にしていきたいな☆

2021年4月30日　#月末ポエム

ママ、
いつもありがとうの
気持ちを忘れないよ。
毎日だいすき～♡♡♡

2021年5月9日

#母の日　#ママ

くるくるくる〜♪

2021年6月6日

#ロールケーキの日

みんな、おはよ！
今日の寝ぐせも
いい感じ〜♪

2021年6月14日

#帽子かぶってない

#レアプリン

今年の父の日は、
一緒に過ごす時間を
プレゼント☆

2021年6月20日

#父の日

みんなの未来は、行動したその先にあるよ。

2021年6月30日

#月末ポエム

みんなの願い事は、
何かな…☆

2021年7月7日

#七夕

#マカロンちゃん♡

何度でも
起き上がれるよ〜。

2021年7月8日

#だるまさんプリン

#七転八起

湿気で
全身うねうね〜…

2021年7月13日

#梅雨

#うねうねプリン

マフィン
「ぷるぷる
でちゅう〜♪」

2021年7月14日

#ポムポムゼリー

「虹の日」、きみの今日が
レインボーに輝きますように☆

2021年7月16日

#七色プリン

迷いながらも、
自分らしく
進んでいこう。

2021年7月31日

#月末ポエム

ココロを休めるって、大事だね。

2021年8月9日

#おひるね

エアコンで
冷え固まった体、
じんわりぽかぽか
ストレッチ中～…

2021年8月22日

#しゃちほこ

#びっくりマフィン

きみがいてくれて
うれしいよ♡

2021年9月10日

#プリン&マフィン

#キュン♡

じゃじゃ〜ん!
みんなで、マフィンのおうち作ったんだ〜♪
居心地どうかな?
これからもよろしくね、マフィン!
お誕生日おめでとう〜☆

2021年9月16日 #マフィン #お誕生日 #チームプリン

うるうる…♡

2021年9月17日

#うるうるプリン

#キュン♡

今夜は、ぼくがきみを照らすよ。
きみはぼくにとって特別だから…。

2021年10月30日　#月末ポエム

一緒にあたたまろう～♡

2021年11月25日　#キュン♡

大丈夫だよ、ぼくも今出たところだから…！

2021年11月26日

#キュン♡　#いい風呂の日　#マカロンちゃん♡

ついつい食べ過ぎ
ちゃうんだよね～♪

2021年12月11日

#成長期

できたよ～☆

2021年12月12日

#クリスマスツリー

フライングで、お疲れさま～!

2021年12月28日 #年越しそば #気が早い

2022

ぼくの日♡

2022年1月11日

#犬の日

#ワンワンワンの日

#うるうるプリン

マフィン
「お客さま、こちらで
いかがでちゅか?」

2022年1月17日

#帽子かぶってない

#レアプリン

#トリマーマフィン

メロディちゃん、
お誕生日
おめでとう☆
ぼくのおすすめの
カフェなんだ♡

2022年1月18日

#マイメロディ

#お誕生日

#おこもりカフェ

ん？
ぼくが
おかしいのかな〜。

2022年2月13日

#リモート

#作戦会議

#バレンタインデー前日

#リトルツインスターズ

きみの思っていることと、ぼくが思っていることが
一緒だったらいいなぁ…！

2022年2月14日

#バレンタインデー　#マカロンちゃん♡

ぼくの
「キモチ」だよ♡

2022年3月9日

#感謝の日

みんなに、穏やかな春が訪れますように☆

2022年3月11日　#希望の花

うふふ♡ これはね～、できてからのお楽しみ～♪

2022年3月13日 #ホワイトデー準備

大入りだよ～♡

2022年3月14日

#ホワイトデー

みんな、
なにしてるの～?

2022年3月21日

#ぺったりプリン

マフィン「こんな感じで
いかがでちゅか♡」

2022年4月5日

#帽子かぶってない　#レアプリン

#インナーカラー　#トリマーマフィン

もう寝るー☆

2022年4月12日

#速寝?　#早寝　#8時就寝

マフィン「前夜祭なのに
寝ちゃったでちゅね。
今のうちに明日の
打ち合わせでちゅう！」

2022年4月15日

#お誕生日 #前夜祭
#チームプリン #9時就寝

えぇ〜！ ぼくに
そっくりなプリンケーキ☆
今年もみんなに
お祝いしてもらって、
しあわせものだ〜♡
ありがとう (*⌒▽⌒*)
お誕生日っていいもんだね。
みんなで一緒に
食べようね〜♪

2022年4月16日

#お誕生日 #チームプリン

昨日はありがと♡
みんなに
お礼だよ♡♡

2022年4月17日

#お誕生日
#余韻

1週間おつかれさま！
ゆっくりしてってね♡

2022年4月22日 #喫茶店 #ポムブレンド

いっしょにクルクルしよ〜♪

2022年4月29日 #喫茶店 #ナポリタン #クリームソーダ

自分を知って、
自分を好きに
なることが、
ぼくらしく
生きるってこと
なのかなあ。

2022年5月31日

#月末ポエム

きみの逢いたい人に逢えますように…☆

2022年7月7日　#七夕　#マカロンちゃん♡

もっと
寝ていたいの～

2022年7月23日

#ねむねむプリン

スイカ風呂で
クールダウン～!

2022年7月26日

#にこにこプリン

(✧ω✧)
キラーン☆

2022年7月27日

#さっぱり

#きらきらプリン

たまには、
な〜んにも考えないで
ゆっくり休もう。
ひとりの時間を大切に
できたら、きっと明日は
いい日になるね。

2022年7月31日

#月末ポエム

今日も、きみと一緒に過ごせてうれしいな。

2022年8月15日　#みんななかよく

マフィン「サマーカットでちゅね!」

2022年8月17日

#帽子かぶってない　#レアプリン　#ヘアアレンジ

こんなベッドで寝てみたい～zZZ

2022年9月3日　#ベッドの日

イエベの
秋メイク、
似合ってる？

2022年9月8日

#ビューティ

#イエベ秋

ぼくの
顔映えする色は、
やっぱり
イエベだね！

2022年2月16日

#パーソナルカラー

#イエベ

ぼくじゃ
ダメかな…？

2022年9月14日

#メンズバレンタインデー

マフィン、
お誕生日おめでとう！
いつもそばに
いてくれてありがとね♪
今日はいっぱい食べて、
いっぱい遊んで、
お祝いデーを
楽しもうね☆

2022年9月16日

#マフィン #お誕生日
#チームプリン

また明日ね～

2022年9月23日 #またね #チームプリン

気持ちのバランス大切に〜♪

2022年9月24日

#わかめ　#ゆら〜

自分が
心地よいペースで
歩んでいこう…☆

2022年9月30日

#月末ポエム

今週も
がんばったから…♡

2022年11月4日

#ごほうび♡

#成長期

ふっかふか～♡

2022年11月6日

#プリンロール

#パウダーロール

あたためて
あげる～♡

2022年11月18日

#ホットココア

#プリンマシュマロ

ぼくは、何個でも食べられるよ…！

2022年12月3日　#ポムポムみかん　#成長期

マフィン「もうそんなに食べたでちゅか…！」

2022年12月18日

#ポムポムみかん　#成長期　#びっくりマフィン

ひと足お先に～♪

2022年12月22日

#ゆず湯　#ほっこりプリン

みんな、
ハッピークリスマス☆

2022年12月25日

#にこにこプリン&マフィン&スコーン

ドドドドドッ…！

2022年12月30日

#大掃除

2023

心配だから、もう１回言うね！
ぼく、ゴールデンレトリバーだよ♪

2023年1月11日　#犬の日　#ワンワンワンの日

むにゃ…
おおきくなっ…た…
むにゃむにゃ…

2023年1月27日

#成長期

#ムキムキプリン

かわいくてごめんね♡

2023年2月2日 #キュート #ツインテールの日

わんこそば♪ わんわん♪

2023年2月11日

#わんこそば記念日

今日は、秘密の
ボーイズトーク♪

2023年2月13日

#作戦会議

#バレンタインデー前日

#リトルツインスターズ

＼♡ハッピーバレンタイン♡／
こ〜んなにいっぱい、
食べきれるかな〜♪

2023年2月14日

#バレンタインデー

昨日は、
どうもありがとう♡
おいしかったよ〜

2023年2月15日

#バレンタインデー

#余韻

ごろにゃぁ〜ご♪

2023年2月22日

#猫の日　#ニャン♡

たまに閉じこもりたくなる…

2023年2月25日　#牡蠣プリン

きみの笑顔を、
一番近くで見ていたんだ。

2023年3月11日

#希望の花

いい感じ～♪

2023年3月13日

#ホワイトデー準備

はい、これ♡

2023年3月14日

#ホワイトデー

春のパンツコレクショ～ン♪
みんなはどのおパンツが好き？

2023年3月18日　#パンツ

みんな、やっほ～♪

2023年3月20日　#パンダ

小腹が空いちゃって♪

2023年3月23日 #ホイップあんサンド #成長期

んっ……！

2023年3月28日

#壁の穴 #ハマった

マフィン「量産プリンでちゅ。」

2023年4月1日

#エイプリルフール

わんわん♪

2023年4月8日　#コスプレプリン

わ～い♡ マフィンたちにお祝いしてもらっちゃった～!
ありがと～う♪
今日お誕生日のお友だちも、
今月お誕生日のお友だちも、みんなみんなおめでとう～!
これからもなかよくしてね☆

2023年4月16日　#お誕生日　#チームプリン

おは…
ん?
ええ??

2023年4月18日

#朝

#夕方

何かんがえてるか分かる〜?

2023年年4月21日 #バウムクーヘン #全部食べていいのかな

PURIN a la mode

シーズン別 #ポムコーデ ファッションチェック☆

いつもおしゃれなプリン☆
楽しくてかわいい着こなしのポイントを解説するよ！

Spring

いちご頭巾＆いちご模様の白パンツに、かごバッグを合わせたラブリーなコーデ。おなかチラ見せで上品な抜け感を演出☆

おそろいの蜜蜂スーツでキメたプリンとマフィン。ナチュラルな黄色×茶色の太ボーダーに、羽と触覚でかわいさをプラス☆

毎年恒例の花粉対策コーデ。くすみブルーの帽子とコートに、蛍光ブルーのサングラスとストールを合わせたクールなグラデスタイル☆

球形のマリモスーツに身を包んで、ごろごろ転がり続けるプリンとマフィン。永遠に楽しそう♪

全身緑のアイテムでまとめた、「みどりの日」コーデ。大きなスクエアサングラスでシャープな印象に☆

桜舞い散る舞台で熱唱するプリン。着物の波頭柄から伝わる強い意思と不屈の精神。ワイルドでかっこいい！

プリンはイースターバニーのふわもこスーツがお似合い♪タルトとパウダーはカラフルにペイントしたイースターエッグでかわいくコーデ☆

こちらも緑のワントーンコーデ。トレンドのロゴTをメインに青りんごベレー帽とパンケーキ絵柄のトートバッグを合わせ、こなれ感たっぷり☆

Summer

憂鬱な梅雨の時期も、このレインコートさえあればご機嫌☆　プリンのコートは、プリン＆マフィン形のアップリケがかわいい！

大胆なビキニコーデに挑戦したチームプリン。夏のバカンスならではの自由な発想で、みんなキュートにキメてるね☆

トウモロコシのかぶりものコーデ。見た目より、中身がぎっしり詰まった男のコを目指しているんだって☆

メロンスーツとメロン形のベレー帽で、メロンを頬張るプリン。甘いマスクに、ファンはメロメロだよ☆

スイカ形のベレー帽と、スイカの断面を大胆にデザインしたポンチョの組み合わせ。とびきりジューシーな夏コーデ☆

バナナへの愛を全身で表現した斬新コーデ。マフィンのバナナボート風な着こなしもかわいい☆

ゴーヤスーツにすっぽり身を包んで笑顔がはじけるプリン＆マフィン。苦い経験も、成長のためには欠かせないよね☆

難易度の高いパインスーツをナチュラルに着こなした夏のトロピカルコーデ☆　パイナップリンだね♪

カラフルなパプリカスーツでキメたチームプリン。それぞれに味があっていいね☆

Autumn

足長効果を狙ってハイウエストデニムに挑戦。大きめサイズで気になる腰まわりやヒップ、太ももなどをカバー！（できているかな…）

トラディショナルなアーガイル柄のニットで、正統派お坊ちゃまスタイル。秋らしい落ち着いたトーンで上品にまとめているね☆

秋の訪れを感じたら、いつものベレー帽をニット素材にチェンジ☆　あったかくて、ココロもほっこりするよ♥

「大人になったらかっこよく働きたい」と夢見るプリン。ビジネススーツをスマートに着こなす大人になっても、ベレー帽は忘れないで☆

秋らしいジューシーなフルーツコーデ☆ マフィンの巨峰スーツ、プリンのシャインマスカットスーツ、どちらも立体的なフォルムで存在感たっぷり。

ちょっと肌寒くなってきた時期に便利な軽量ダウンコート。かぼちゃ形のすっきりしたデザインがステキだね☆

秋の夜長。読書や映画を楽しむおうち時間にぴったりのリラックスコーデ☆ もこもこのガウンとルームシューズでぬくぬくだね♥

もこもこニットの帽子＆パンツがかわいい、ゆるふわコーデ☆ ゆるパンツは、みんなで一緒にあったまれる優れもの♥

Winter

クリスマス気分を盛り上げるために仕立てたというドレス。電飾をふんだんにあしらったクリスマスツリー形のドレスが輝いているね☆

アグリーセーターといえばクリスマス柄が定番だけど、大好物のプリンとマフィンの柄をチョイス☆　個性的な上級コーデだね。

プリンが大阪でひとめぼれしたというアニマル柄のコート。ゼブラとレオパード、どちらもトレンド感もある高見えアイテム☆

マフラーと帽子、手袋の防寒スタイルを緑×青で爽やかに。女の子がキュン♥としちゃいそうな、かわいいマフラー男子だね☆

モノトーンの服が多くなりがちなこの季節、赤の帽子とマフラーで華やかに。手に持った肉まんがさらにウォーム感を高めていて効果的☆

カラフルな毛糸を体に巻きつけた毛糸玉コーデ。保温性の高い素材を、遊び心たっぷりに着こなしているね☆

平安貴族のような装束で優雅に貝合わせを楽しむプリンとマカロンちゃん。プリンの直衣は足跡柄でかわいい☆

白いスーツ、口には赤いバラでキメたプリン☆　フォーマルなサスペンダーつきパンツと蝶ネクタイでラブリーなプリン♥　どっちが好み？

ポムポムプリン
きみの笑顔が見たいんだ♡

発行日 2023年9月7日 第1刷

キャラクター著作　株式会社サンリオ

ブックデザイン　若井夏澄（tri）
編集　丹治亮子

発行人　宇都宮誠樹
編集　堀江由美
発行所　株式会社パルコ
エンタテインメント事業部
東京都渋谷区宇田川町15-1
https://publishing.parco.jp

印刷・製本　株式会社 加藤文明社

Printed in Japan

ISBN978-4-86506-430-8 C0095

落丁本・乱丁本は購入書店名を明記の上、小社編集部宛
にお送りください。送料小社負担にてお取り替えいたします。
〒150-0045 東京都渋谷区神泉町8-16
渋谷ファーストプレイス パルコ出版　編集部